⑥

与渴望联结

〔马来西亚〕林文采 著

图书在版编目（CIP）数据

与渴望联结：全7册 /（马来）林文采著. --北京：北京联合出版公司，2020.3
ISBN 978-7-5596-3514-3

Ⅰ. ①与… Ⅱ. ①林… Ⅲ. ①儿童教育—家庭教育 Ⅳ. ① G782

中国版本图书馆 CIP 数据核字（2019）第 174418 号

北京市版权局著作权合同登记　图字：01-2020-0871

与渴望联结：全 7 册

作　　者：〔马来西亚〕林文采
选题策划：木晷文化
策划编辑：朱　笛
责任编辑：牛炜征
特约编辑：师丽媛
营销编辑：金　颖　黄思维
封面设计：思绪设计

北京联合出版公司出版
（北京市西城区德外大街 83 号楼 9 层　100088）
河北鹏润印刷有限公司印刷　　新华书店经销
字数 432 千字　　700 毫米 ×980 毫米　　1/32　　30 印张
2020 年 3 月第 1 版　　2020 年 3 月第 1 次印刷
ISBN 978-7-5596-3514-3
定价：138.00 元（全 7 册）

目录

01

叛逆不听话，怎么办？

孩子只是希望自己有一些自主权。

如果随着孩子的成长，

父母愿意把越来越多

选择的自由交还孩子，

那么孩子根本不会“叛逆”。

孩子叛逆不听话，怎么办？

孩子如果叛逆不听话，怎么教导?

青春期的叛逆并非真叛逆

其实，青春期的孩子并非一定是叛逆的。孩子不愿意听从家长，可能是不赞同家长的某些想法，或者不赞同家长对他的某种期待而不愿去完成这种期待，如此而已。

我们对任何人的期待，都是我们自己的期待。如果别人愿意满足我们的期待，我们会非常快乐，要感谢别人；如果别人不想满足我们的期待，那是别人的权利，别人没有义务一定要满足我们的期待，我们对此也不应强求和抱怨。

同理，父母不能因为孩子不愿意满足自己的期待，就给孩子贴上“叛逆”的标签，好像孩子只要不认同父母就一定是错的。

其实，孩子在青春期表现出来的“叛逆”，大多跟他的五大天性之一——独立自主之花的绽放有关系。随着年龄的增长和能力的增强，每个人都希望自己更独立自主，拥有选择的权利。

什么是独立自主？不是简单地指一个人做事情，而是能够为自己的生命做出选择。越来越有选择的自由，才是真正的独立自主。每个人都很想为自己的生命做主——我的时间、精力、智慧用在什么地方，由我来决定。这是人类天性上的渴望。

因此，当孩子逐渐成长时，如果他觉得有人——通常是父母——想要控制他，想为他生命的方方面面做决定时，他就会反抗，“你说东，他就偏说西”。这样的反抗是人之常情，不能因为孩子不愿意屈从就说他“逆反”“叛逆”。尊重，必须在爱之前。

所以父母不要动不动就说，孩子长大了就叛逆了。

孩子只是希望有一些自主权。如果随着孩子的成长，父母愿意把越来越多选择的自由交还孩子，那么孩子根本不会“叛逆”。

青春期“叛逆”的原因一般分三种情况：

第一种是父母太过强势。从孩子出生，一直到孩子进入青春期，都是父母说了算，基本上不听孩子的任何建议。这样强势的父母通常会引发孩子的所谓“叛逆”，因为孩子觉得自己没有一点选择的自由。最后，他压根儿不管父母讲得对不对，一定要对着干。

第二种是父母太过包办。太过包办的父母，不相信孩子，觉得孩子什么都不会，父母包办才是最安全的。当父母对孩子所有的事情都包办时，孩子独立自主的天性会觉得非常憋屈，因而会跟父母对抗。

第三种是父母太过焦虑。太过焦虑的父母，对孩子百般担心，叮嘱又叮嘱，反复表达不安和担心，孩子会觉得没有被信任，也可能会叛逆。

因此，如果不希望孩子出现青春期“叛逆”，父母最重要的就是对孩子不要太过强势，随着孩子慢慢长大，给他适当的选择权；也不要太多包办，要让孩子试着去做，就算做错了也没关系，只要不是危险的事就可以；同时减少自己的焦虑，充分信任孩子。

婴幼儿的叛逆可能是真叛逆

孩子一岁半到两岁半这个阶段，才是真正的叛逆期。

这个年龄段的孩子特别想尝试独立自主。在这之前孩子还不会走路，也清楚自己的能力是不足的。但从一岁半左右开始，孩子能够自由走路了，也学会了一些简单的语言表达，这时独立自主的意识会突然“爆发”，孩子就会进入一种状态——当他同意你的观点，愿意去做时，不说什么就直接去做；如果他有一丁点儿不同意，他就会说“不要/不喜欢/不可以”。孩子第一次体会到内在的推动力，推动他在一些小事上做主。他会进入一个独立自主开放的时期，只要有机会就会说“不”。建议这个阶段父母不要过早送孩子去读早教或者上幼儿园，方便孩子在家里做各种选择和尝试。

孩子太想独立自主了，做不到时脾气会很大，父母要温柔以待，孩子做不好可以重新来。有些孩子，特别是外向性急的孩子会哭闹，父母要接纳他，抱抱孩子，告诉他不要紧。让孩子在这个阶段去做各种探索，只要确定没有危险都允许孩子做。几个月以后，孩子就知道可以在安全的范围里做自己可以做的事。

孩子撒泼打滚，怎么办？

有一位妈妈，最近几天发觉两岁的女儿越来越不服管了，开始对抗，还练就了“坐地炮”的本领，父母不依她，她就往地上一躺大呼小叫，虽然这种情况发生得不是很频繁。妈妈问，该怎么制止这类行为呢？

前面提到，其实孩子的所谓“叛逆”，只是孩子有不同的看法、感受想要表达出来。而且在一岁半到两岁半之间，独立自主之花突然要绽放时，孩子会经常说“不要”“不行”“不喜欢”，而且非常喜欢练习对权威的父母说“不”。孩子很想通过说“不”，表示他能够自己思考、自己选择。

这时最好主动给孩子几种选择，比如问孩子“你要吃苹果，还是吃橙子”“你想先刷牙，还是先洗脸”。这些选择都是父母允许的，孩子不管选哪一个都好。孩子觉得自己有选择的余地，并且能根据自己的意愿做出选择，就会非常快乐。此时最忌劝说孩子一定要这样或那样。这样的语言，对于独立自主之花想要开放的孩子来说，听了会特别难受，因而想要反抗。

案例中这个两岁的女孩，她发现不高兴时往地上躺或者打滚，对父母是有效的，用这样的方法可以得到她想要的东西，或者逼迫父母跟随她的选择。这种情况应该引起父母的注意。父母应该给孩子选择，但是孩子不能用撒泼打滚的方式控制别人。“我要的，我必须得到，如果你不给，我就在地上撒泼打滚。”孩子出现这种情况时，表示孩子正在练习如何得到自己想要的东西。如果孩子用了不恰当的方法，比如打人、大喊大叫、在地上打滚等，父母不能妥协甚至鼓励她这么做，而要温和地拒绝。

比如父母不依她，坚决不买她想要的东西，孩子就会明白：不但她有选择权，妈妈也一样有选择权。妈妈可以说：“孩子，你这样在地上打滚，妈妈没有办法跟你说话，等你情绪平复以后再来告诉妈妈，你想要什么。如果你在地上打滚，不管你说什么、喊什么，妈妈都不会给你的。”讲完以后，妈妈就要离开孩子到远一点的地方，当然不能太远，要在孩子的视线范围之内，让孩子感觉到她的叫喊、打滚是没有办法影响妈妈的。

等孩子安静下来，妈妈可以走过去说：“你现在安静下来了，妈妈可以跟你说话了，告诉妈妈，你想要的是什么？”如果孩子能够好好说话，告诉妈妈她想要的，那么妈妈不妨满足孩子，然后告诉孩子：“如果你能好好说话，我们是可以商量的，但如果你在地上打滚，我们没有商量的余地，妈妈也不会满足你，因为这样的方法是错误的，让人不舒服。”这样让孩子体会到，一旦她用了不恰当、无理的方法，就不可能得到她想要的东西；如果她能平静地用友好的态度和语气告诉别人她想要的，那么父母是可以满足她的。

如果孩子改变了不好的态度和语气，父母不妨满足她的要求，鼓励她用友好的态度和语气和别人沟通。慢慢地，孩子即使还会说“不要”“不行”“不喜欢”，但至少不会用令人不舒服的方法，避免把这样的方法变成一种行为模式。

孩子偷拿家里的钱，怎么办？

有一位家长，儿子11岁，开学就上五年级了。孩子家境不错，但是妈妈在上一个学期两次发现孩子偷拿包里和抽屉里的钱，一次100元，后来才知道孩子已经做了十几次了。孩子说拿钱是为了去小店买玩具、零食，送给同学，这样同学才会喜欢和他玩，但其实他的人缘并没有那么差。

妈妈觉得很多小孩都做过类似的事情，所以家长不必太过严厉。可是孩子的爸爸很生气，严厉批评过后，孩子也认错，表示不会再犯了。以前父母曾让孩子刷碗赚钱，但几次之后孩子就没兴趣了。所以爸爸直接给他每天五元零花钱额度，但是不给他现金，也不能乱买小店里的东西，要经过大人同意才让他买。第二次批评以后，妈妈就没有发现孩子再犯了，可是觉得孩子好像特别爱花钱，总是想买这买那，大手大脚，似乎买了东西就很愉快。妈妈问，他们的处理方式合适吗，以及怎样给孩子做思想上的引导呢？

案例中这个孩子，为了让他的朋友高兴，会去拿家里的钱买东西当礼物送给朋友，以此来建立友谊。他想要的是朋友对他的赞赏，喜欢他，可以跟他玩，这样他可以跟别人有更好的连接。就像他妈妈说的，并不是因为他的人缘差，而是他希望获得非常好的人缘，享受被人家讨好、喜欢的感觉。

其实到了9~11岁这个年龄段，很多孩子会有偷钱的行为，这是为什么呢？因为孩子在这个年龄段的自我节制能力不足，欲望却比以前多很多。他们有很多想要的东西，各种诱惑、渴望和欲望，这些都是可以用钱轻易满足的，所以孩子会偷拿家里的钱。对于孩子来讲，这个行为虽然不好，但也不是什么大事。

那么父母应该怎样教导孩子呢?

案例中家长的做法是可以借鉴的。第一，把管钱的权力收回来，孩子太小，还不太懂怎么管理钱财，所以不允许孩子再拿现金，买什么东西都要得到家长的同意。第二，爸爸只是给予严厉的批评，而没有给予类似暴打这类强烈的惩罚。

第一次发现孩子偷家里的钱时，父母要顾及孩子的面子，不要让他觉得很羞耻。比如可以把他带到一个安静的地方，用严肃的表情告诉他，爸爸妈妈知道他偷了钱，然后问他为什么要偷钱。等他讲完以后，可以原谅他，知错能改就好，告诉孩子再给他一次机会，如果下次再犯，要面对怎样的惩罚。如果他没有再犯，可以提醒他，看到他进步了，懂得管理钱财，爸爸妈妈觉得很高兴。如果真的再犯了，就要让他把所偷的钱一块钱一块钱地还回来，还的方法不是让他刷碗，而是让他帮家里擦窗户、擦桌子或者洗车等一些原本由成人完成的工作。总之，让他把偷拿的钱都还回来，过后也不要再提，只是让他明白，偷拿了钱就要为此负责。

有些孩子可能只是单纯的欲望很多，不能马上被满足时就选择偷钱。但是也有一些孩子，确实是花钱大手大脚，这样妈妈就要有意识地培养孩子的理财观念。比如每次给孩子两天的钱，让他自己计划如何花，如果两天的钱一天就花光了，那第二天就只能饿肚子了，父母不要给他买任何东西，让他承受钱财管理不善的后果。等他能够把两天的钱管理好以后，再给他三天的钱。到六年级时再让他管四天、五天的钱。上中学时，就可以让他每次管一周的钱了……这个训练必须是渐进的，孩子做得好时，父母一定要肯定、赞美孩子。

案例中的这个孩子，非常在意朋友关系，在花钱方面也大手大脚的，很可能偏乐天型。因此花钱的习惯、理财的能力，一定要在他上小学时就培养起来，以后在理财方面才不会出问题。

二宝出生，大宝焦虑不听话，怎么办？

有一位妈妈说，她家大宝3岁9个月，已经上幼儿园半年了。孩子爸爸在部队的时间比较多，在家的时间比较少，妈妈就带着孩子跟公婆同住，公婆帮她照顾孩子。平时妈妈上班是有双休的，晚上也都在家。宝宝1岁半时，有一天晚上突然主动要求跟爷爷奶奶一起睡，一直持续到现在，现在妈妈就算想要让大宝跟她睡，大宝也不肯。半年前大宝刚上幼儿园时，妹妹出生了，这时大宝就出现了严重的分离焦虑。妈妈问，大宝是否在3岁前没有建立良好的安全感？如果是，那么今后该如何补救呢？

孩子如果在3岁之前吸收的安全感不足，那么每次面对分离时就会出现比较严重的分离焦虑，比如大喊大叫、歇斯底里，甚至哭到几乎崩溃的地步。理论上来说，孩子3岁时的安全感应该已经足够，但父母因为要上班，与孩子相处时间少，所以妈妈通常比较焦虑，这种焦虑会使孩子在建立安全感上需要更长时间，一般四五岁时孩子才能有足够的安全感。

所谓孩子的安全感足够、能够独立自主，是说父母或者重要他人不在身边时，孩子能够坦然去面对，虽然他可能会伤心、会哭，但是一般不会大喊大叫，或者歇斯底里哭到几乎崩溃的地步。

案例中的大宝，一是因为妹妹的到来而安全感不足，二是因为竞争关系而显示出焦虑。大宝本来是所有家庭成员的中心人物，现在他发现有另外一个小孩得到家人更多的注意，在感情上无法接受突然出现的这种落差，可能觉得自己被忽略或者被抛弃了，因而产生非常严重的分离焦虑。

最好的方法是，妈妈每天给大宝一些单独的陪伴时间。每天晚上刻意拿出15~20分钟的时间，一对一陪伴大宝，比如带着大宝一起去外面散步，或者给大宝讲故事，或者跟大宝玩游戏，或者和大宝说说话……一般一个月以后就会看到，大宝的情绪逐渐平复了。

孩子不肯
独立大小便，
怎么办？

有一位妈妈，儿子4岁半，没有上幼儿园，至今不会独立大小便。儿子2岁多时自己大便过几次，但是都弄到自己的脚上了，之后就不敢独立大小便了。另外，在学习独立大小便的那段时间，儿子因为发烧低血糖昏迷，住院进了重症监护室两天，重症监护室是不允许家长陪伴和照顾的，只能穿纸尿裤，出院以后孩子就再也不肯独立大小便了，每次妈妈想要拉着儿子的手教他，他都把手缩回去攥得紧紧的。之前还允许别人帮着大便，现在只允许妈妈一个人帮助，妈妈不在时就干脆拉在裤子上

孩子4岁半还不会独立大小便，这并不是生理上的问

题，而是孩子没有办法很好地社会化，内在有很多情绪垃圾。很明显，孩子的安全感非常不足，而且内在可能很混乱。在孩子四岁多具有自我意识时，父母要尽快把孩子的心理营养补足。

关于安全感，妈妈要检讨自己是否太过焦虑。第一，自己带孩子时是否非常焦虑；第二，自己是否有情绪失控的情况；第三，自己和丈夫的关系是否和谐。这三个方面最影响孩子的情绪，会导致孩子的内在混乱，降低社会化的能力。

建议妈妈带着孩子去找儿童心理咨询师咨询。儿童心理咨询师的主要工作，并不是教育孩子，而是通过游戏、讲故事或者画画等手段，让孩子表达自己。妈妈如果很焦虑，也可以跟儿童心理咨询师谈谈，看看自己是否也需要做心理咨询。因为最能帮助孩子的人还是妈妈。

爸爸可以负责关注孩子的优点。只要看到孩子有一点点进步，爸爸就肯定、赞美、认同孩子。这会对孩子有很大的帮助，可能在短时间里，孩子就能够社会化，跟别人交往，学习处理自己的问题。

在见心理咨询师之前，妈妈最需要做的就是多跟孩子玩耍，这是帮助孩子快速社会化的方法。除了玩耍，也可以让孩子唱歌或者画画，唱完、画完以后问他几个问题，让孩子随意表达，帮助他处理内在的情绪，促进孩子的社会化。

总之，4~6岁是孩子改变的黄金期。在这个阶段，可以寻求心理专家、心理咨询师的帮助，如果找不到适合的人，妈妈就要多跟孩子玩，每天花一定的时间和孩子在一起，跟他说话，让他去表达，持之以恒就会见到效果。

孩子叛逆厌学
爱臭美，
怎么办？

一位家长说，他的女儿即将要上高二了，厌学，经常不去上学，每天都要化妆，喜欢买名牌，穿奇装异服，甚至染头发，怎么办呢？

孩子不想去上学，或者出现很多我们觉得不太适当的行为，有众多可能性，最可能的原因是：孩子的价值感金花无法绽放！

孩子在家里或学校遇到了两个大问题：一是觉得自己没有成就，没有办法获得足够的欣赏、接纳和重视，所以对于每天要去上学这件事感觉非常挫败；二是因为家庭关系。孩子的两个主要活动场所就是家庭和学校，在家里她同样不能表现得很好，无法获得价值感，这是孩子最郁闷的地方。

孩子特别爱买名牌，是因为孩子内在的自卑，需要用外在的东西来填补。孩子臭美，喜欢化妆、染发，穿各种奇装异服，那么孩子为什么要把自己打扮得古灵精怪、标新立异？是因为孩子的内在是空洞的，对自己的价值感有很大的怀疑！既然内在是空洞的，那就用外在来武装自己，因而孩子会特别在意衣服是不是名牌，是否能吸引别人的注意力，厌学、臭美、化妆、染发，都是因为孩子需要关注。

对于这样的孩子，不能去指责和批评她，否则她会更自卑、更有挫折感，现有行为也会进一步恶化。

那么，怎样让孩子内在的价值感获得提升呢？

一是肯定、赞美、认同孩子做得好的。一个孩子的行为只是行为而已，不代表孩子整个人，所以要去关注孩子做得好的地方。每次告诉孩子“不要这样做”时，一定要同时告诉她怎么做才是恰当的。看到孩子有一点点改变或者进步，就马上真心真意地肯定、赞美、认同她。父母要思考，怎样让孩子的自我价值、自我评价提升起来。

二是接纳孩子本来的样子。父母要准备好无条件接纳孩子，就算孩子的行为有问题，做的事没有达到父母想要的目标。不管孩子变得怎样，父母永远都要接纳孩子。

三是明确表达孩子对于父母的重要。孩子所表现出来的这些外在行为，包括化妆、染发等，说明孩子觉得自己不够重要，缺乏别人的注意。那么父母能否明确表示，她对父母很重要呢？比如，当她跟父母说话时，父母要看着她，温和地点头，倾听她说话。如此注重外在的孩子，已经表现出内在的不安和自卑，所以要针对她需要关注的方面下功夫。

孩子到了高二出现这个情况，是因为12岁之前得到的价值感不足，所以在少年期（13~18岁）爆发。父母要注意自己的孩子心理营养是否足够，如果不够要及时补足。

Q2

说脏话狠话，怎么办？

任何亲子关系的问题

都不是某一方的问题。

如果亲子之间常常出现问题，

表示父母和孩子都需要学习。

孩子说难听的脏话狠话，怎么办？

孩子在成长过程中，会接受父母的引导和教育，心智不断成熟，慢慢学会运用语言，体会自己所说的话会让别人有怎样的感受。

几岁的孩子说脏话狠话时要表达的意思，和十几岁的孩子说脏话狠话时要表达的意思可能有很大区别。对于不同年龄的孩子，处理的方法也不一样。

孩子是在模仿成人

有些孩子说脏话狠话，是在模仿成人。孩子讲这些脏话狠话，很有可能是从家里或学校学到的，所以父母要先

自我检讨，看看家里有什么人是这样说话的，然后和家里的成人或者年龄大点的孩子约定好，都不能说脏话狠话。而且要告诉孩子哪些词句是不可以说的，因为这些话别人听了以后，心里会非常不舒服。当家长首先做到不说时，再告诉孩子说脏话狠话不合适，孩子才能够听进去。心理营养里很重要的一项就是家长的示范，如果家长没有办法以身作则，是起不到示范和模范作用的。

孩子想要引发别人的情绪

2~4岁的孩子说脏话狠话，大多是想看看自己说完之后家人的反应是怎样的。这时孩子说脏话狠话不单是在模仿成人，而是因为看到其他人说脏话能引发别人的情绪，所以很想知道自己说这些会引发别人怎样的反应。

2~4岁的孩子，对很多词句真正的意思是不明白的，但是通过观察别人说了脏话狠话之后其他人的激烈反应，会觉得说脏话狠话很有控制力。这个年龄的孩子很喜欢尝试各种句子，也想要试探家人的底线。他亲眼看到别人听了脏话狠话和听到其他言语的反应不一样，于是就很想去试探，有时候还故意反复说，就是想看看别人会有什么反应。对于这种情况，应对的方式就是保持平静，没有反应，直接忽略他，比如假装没听见，或者简单地告诉孩子这样说话让人不舒服，孩子觉得很无趣，以后就不会这样说了。

如果孩子说完脏话，父母非常生气，孩子会觉得自己能够左右父母的情绪，觉得自己拥有了一些威力，这对于2~4岁的孩子来说是很有趣的事情。如果孩子所说的话能让父母暴跳如雷，就会引发孩子不断收集和学习这类话，然后反复讲给父母听。想要掌握权力的孩子，尤其喜欢讲脏话狠话。如果父母不为所动，孩子就不会继续说了。另外，父母不要因为孩子讲脏话狠话就笑，否则孩子会误以为这些话很幽默，能引发父母笑起来，因而导致他继续说下去。

孩子在表达自己的情绪

有些孩子说脏话狠话是为了表达自己的情绪。如果孩

子已经五六岁了还说脏话狠话，父母就需要分析，孩子为什么要说这样的话？是想看看父母有什么反应，还是在表达非常强烈的情绪？

如果孩子是为了表达情绪，父母就要告诉孩子，比如：“我知道你有情绪，我也看到了你的情绪，但是你用这种语言表达是不恰当的。你这样表达时，我不想听。”

如果孩子是要表达不满，可以告诉他：“我知道你不满，可能是因为我说的一些话或者我做的什么事情让你很不满，但是你用脏话狠话来表达你的不满，我是没办法听进去的，我会走开，因为我真的不想听你用这样的语言对我说话，这令我很不舒服。等你能够好好说话了，你再来告诉我。你的不满，我愿意去听，但我不想听脏话狠话。”

当孩子发现更加有效的说话方式时，就会放弃脏话狠话了。如果脏话狠话能够让他得逞，孩子就会继续说下去。

有位妈妈，儿子开学就上小学三年级了。她感觉儿子偏乐天型，老师对孩子的评价是：活泼外向，爱表现，爱思考，爱读书。

儿子上小学后开始说脏话，父母告诉他这是不好的、不礼貌的，以后不要讲，他当时会答应，之后偶尔还是会说。前几天因为爸爸批评他“告诉过你，不要光脚踩在地上，怎么又踩”，孩子就很生气，悄悄对妈妈说：“如果我有一把枪，我第一个就把爸爸‘pia’了，因为他总是批评人，多管闲事。”妈妈说：“我知道你不喜欢爸爸这样说你，可他是你爸爸，他是怕你生病，为了你好才这样说的。你不能这样对爸爸，要是没了爸爸，妈妈会难过死的。”

儿子还说爸爸是一家之主，什么事都是他说了算，太严厉了。其实爸爸很爱孩子，只是看到孩子有错误时总是爱讲道理。小时候爸爸也打过孩子几次，现在只要爸爸在家，儿子做事就比较谨慎，在爸爸面前表现得比较乖，但是内心不喜欢爸爸，觉得管得太多了。

妈妈建议爸爸，一定要改善和儿子的关系。爸爸需要做哪些具体的改变呢？

这是生活中经常遇到的父子问题。

孩子在成长过程中肯定有很多事情做得不对，而且无法马上改变，特别是乐天型孩子，一般要重复强调很多次，而且父母要跟他的关系很好，他才能够改变。如果亲子关系不那么好，或者儿子对爸爸有很多负面情绪，通常父亲越批评，儿子就越不会改，即使答应了也不想改。

听到孩子说一些非常有情绪的狠话时，妈妈需要告诉孩子，可以用什么样的语言跟爸爸沟通，而不是在背后说狠话来表达愤怒的情绪。

对于这样的儿子，妈妈首先要接受孩子的情绪，然后换个方式跟孩子讲，比如："孩子，我知道，爸爸这样批评你，你一定很不高兴，是这样吗？来，说给妈妈听听。"这样让孩子有机会先把他的情绪表达出来，然后可以说："孩子，你用这样的方式跟爸爸说，其实是没用的。"然后教导孩子可以这样跟爸爸沟通："爸爸，当你看到我光脚踩在地上时，我知道你很不高兴，因为你在担心我的健康，但是我希望你只是就事论事，告诉我你是为了我好，这样我是能够听进去的，但是如果你责骂我，我就听不进去了。"

另外，妈妈要跟爸爸沟通儿子的情况，比如："我已经教导儿子应该怎样跟你说话。听到你的批评，儿子很不舒服，在这种状态下，你教导他什么他都听不进去，特别是乐天型孩子，不因为道理而改变，一定是因为关系而改变，所以希望你也配合一下，让孩子学习新的说话方式。"

任何亲子关系的问题都不是某一方的问题。如果父子之间常常出现问题，表示爸爸和孩子都需要学习，妈妈既要教导和鼓励孩子用合理的态度跟爸爸说话，又要和丈夫沟通如何配合。这样问题就迎刃而解了。

奶奶对孩子说难听的话，怎么办？

有位妈妈说，自己的孩子是由奶奶抚养长大的，小时候经常被奶奶羞辱，导致长大以后非常自卑害羞。现在应该怎么办呢？

如果孩子现在已经上小学了，只能靠父母给他纠正过来。首先妈妈可以告诉孩子：“奶奶这样说是不对的。奶奶对你说难听的话羞辱你，这是奶奶的语言方式不恰当，你不要感到羞耻。什么人需要感到羞耻呢？如果自己做了伤害别人或者违反道德的事，才需要感到羞耻。如果自己没有伤害任何人，也没有做违反道德的事，是不需要感到羞耻的。奶奶这样说话是不对的，但就算奶奶说话不对，因为她是我们的长辈，我们也要原谅她做得不对的地方。”

要让孩子明白：

第一，他没有伤害别人，不必羞耻。只有做错事、违反道德的人才需要羞耻，孩子没有伤害别人，是不必羞耻的。

第二，孩子已经尽力了，已经足够好。父母要多去肯定自己的孩子，“你已经够好了”。害羞自卑的孩子，之所以能够慢慢好起来，是因为身边的重要他人经常告诉他，他已经足够好了。奶奶的羞辱使孩子出现害羞退缩的反应，是父母选择把孩子交给奶奶抚养导致的后果，是父母放弃了做孩子重要他人的责任，然后奶奶才有机会来做孩子的重要他人。这是父母的选择，不是奶奶的错！所以不要批评奶奶教育方式不当，反而要感谢奶奶辛苦付出，帮着把孩子养大！

第三，父母要补足心理营养，特别是肯定、赞美、认同。因为现在孩子回到父母身边了，他的重要他人就是父母，孩子希望得到父母的认同。父母要踏踏实实把孩子的心理营养补充好，不要挑孩子的毛病，要在孩子做得好的时候告诉他已经做得足够好了，这样孩子才能慢慢好起来。既然孩子可以因为一个重要他人而变得害羞自卑，也可以因为另一个重要他人而变得自信有勇气，关键就看父母能否给足孩子心理营养。

孩子说听上去恐怖的狠话，怎么办？

有些孩子会说一些听上去很恐怖的狠话，比如：“我要杀死你/我要把你打死/我要把你推下山……”这些话有可能对父母讲，也有可能对老师、同学、朋友讲。那么为什么孩子会说这类狠话？

孩子想要保护自己

孩子说狠话的原因之一是他想要保护自己。有些孩子特别喜欢买样子看起来特别凶恶或者丑陋的玩具，尤其是6岁之前的孩子。其实，喜欢买这样的玩具，说明孩子的安全感是不足的。他觉得危险，而且认为包括父母在内没有人可以帮助他，于是买些凶恶、高大的玩具来保护自己。在语言上，这些孩子会用非常狠、非常凶恶的话来保护自己，认为自己先用语言攻击别人，别人才不敢欺负自己。

孩子想要表达内在的恨

孩子说狠话的另一种情况是要表达内在的恨。这不是简单的愤怒，是愤怒累积了一段时间后转变为恨，这种转变恰恰是孩子的“五朵金花”被长期压抑的结果。

也许是父母的行为和语言，常常让孩子觉得自己一点儿价值都没有。比如孩子的所有事情父母都要包办，不允许孩子去做，伤害了孩子的独立自主之花；孩子经常被父母拒绝，无法和别人建立良好的人际关系；孩子一直活在恐惧中，没有办法得到安全感。当长期被贬低时，一些孩子就会产生愤怒，久而久之就会转变为恨。就算表面上顺从，孩子内心也是有恨的。总之，孩子的“五朵金花”被长期压抑，无法发展天性时，孩子就会产生恨，需要靠说狠话来发泄！

因此，父母听到孩子说一些非常凶恶狠毒的话时，要看这个孩子是想保护自己还是因为天性被压抑了，从而有针对性地解决问题。

孩子容易烦躁愤怒，怎么办？

有位妈妈说，儿子两岁半，情绪波动很大，特别容易开心，也特别容易烦躁，经常大喊大叫，好像有使不完的劲。不到一岁时，他有时会握着拳头咬牙几秒钟，好像在控制自己的内心感受。自从儿子出生，妈妈就一直全职带孩子，除了月子里生病离开十来天，再也没有离开过。孩子断奶以后，每天都要抱着妈妈的胳膊睡觉。妈妈感觉儿子的性格很外向，会主动跟不认识的小朋友玩，白天就算又困又累甚至摔倒都舍不得睡觉。妈妈问，孩子是安全感不够吗？

整体来看，这个孩子是比较外向的。当他有任何烦躁情绪时，会用喊叫的方式发泄情绪，这是外向孩子典型的表达方法。

孩子愤怒时，会因天生气质不同而有不同的表达方式。

乐天型孩子，表达愤怒最常见的方式就是喊、叫、跳。

忧郁型孩子如果很愤怒，通常会通过表情表现出来，很少会喊、叫、跳，也不说狠话。忧郁型孩子常用伤害自己而不是伤害别人的方法来表达愤怒。如果忧郁型孩子说狠话，一定是非常严重的情况，他不只是愤怒，已经变为恨了。比如忧郁型孩子最不喜欢非常强势的父母，如果强势的父母伤害他的独立自主，他就可能说狠话。

激进型孩子一旦有很多愤怒甚至是恨，那他不只会说狠话，还会做出报复性行动！

冷静型孩子愤怒时，通常会远远躲开，用冷漠和距离来表达愤怒。十分愤怒时，冷静型孩子会用讽刺的语言，所以如果冷静型孩子说充满讽刺性的话，就表示他已经非常愤怒了。

奉献型孩子，表达愤怒的方式很像忧郁型，自己不说，就等着对方意识到，如果对方意识不到，他就会产生很多的恨，恨到极点时有可能表现得非常沮丧，也会出现很多偏差行为，但一般不会说狠话。

总之，不同天性气质的孩子，愤怒或者产生恨的时候，会有不同的表达方式。

案例中这个孩子，现在才两岁半，所有的表现都是外向型孩子非常正常的反应，并不是因为他安全感不够。三岁之前的孩子，不管怎么做心理营养，一般来说安全感都是不够的，通常要等到四五岁时才会足够。这位妈妈做得很好，各方面都能照顾到孩子，所以不用担心，等着孩子慢慢长大，就会看到他越来越好。唯一要注意的是，如果孩子不只是大喊大叫，还会出手打人或者打自己，就要告诉他这是不对的，只要父母的表情是严肃认真的，心理营养足够的孩子会很容易收到这个信息。

Q3

触摸性器官，怎么办？

性教育就是让孩子了解性知识，

孩子的性知识最好的来源是父母，

父母应该是孩子第一个

也是最重要的性知识教导者。

孩子触摸自己的性器官，怎么办？

0~6岁的孩子，无论男孩女孩，大约15%的孩子会抚摸自己的性器官。很多父母看到类似情况很是担忧，以为孩子是在自慰。其实，这些孩子是在“触摸自己的性器官”——用这样的语句来表述更恰当，这和我们成人所了解的自慰带来性高潮的观念是不一样的。对于0~6岁的孩子来说，有时候他们完全没有意识到是在触摸自己的性器官，如同摸自己的手指头、脸和脚趾一样，他们是对自己的身体感兴趣，在探索和了解自己的身体。

首先，性教育就是让孩子了解性知识，孩子的性知识最好的来源是父母，父母应该是孩子第一个也是最重要的性知识教导者，孩子每个年龄段需要有不同的知识和信息，而性教育实际上从婴儿期就已经开始了。孩子得到良好的性教育，对于帮助孩子建立成熟的人际关系是非常重要的。许多专家认为，性是人类从出生到死亡都不可或缺的部分。

其次，孩子的性教育，并不只是教导孩子生理、生育、性行为方面的知识。性教育包括教导孩子懂得男孩或女孩各自的特性；怎样做个男人或女人，男人和女人应该怎么交往；如何掌握一些技巧，将来在两性世界能够建立良好的人际关系。所以当说到性教育时，不要以为只是生理上的事，只牵涉性器官或者性行为，其实男女之间的交往都涉及性教育，比如男性朋友跟女性朋友的交往尺度、要注意的言语行为，恋爱观和婚姻观等，这些都属于性教育的范畴。

最后，性教育一定要根据孩子的年龄，用他们能够听明白的词汇，讲述他们需要懂得的性知识，而且由父母亲自教导。

父母要建立一个性健康的家庭。什么叫作性健康的家庭呢？一个性健康的家庭培养出来的性健康的孩子是什么样的呢？

第一，性健康的孩子，长大以后会为自己的身体感到自豪。有些女孩的身材特别好，会感到很不好意思；有些男孩也会因为身体的情况感觉很不好意思。而性健康的孩子，不管自己的身体长成什么样，都会为自己的身体感到自豪。

第二，性健康的孩子，知道“我身体的主人就是我自己，我拥有自己身体的自主权”。比如，我喜欢跟谁握手，我就可以跟谁握手，如果我不愿意，别人就不能随便碰我身体的任何一个部分，不只是性器官。如果我不愿意，别人不能亲我的额头，不能握我的手，不能把手搭到我的肩膀上，因为我的身体属于我自己，只有在我允许的情况下别人才可以这样做。如果我不愿意，我完全可以大声告诉对方，不管这个人是我的叔叔舅舅还是我的爸爸妈妈，我都可以对他们说“不！”因为我拥有自己身体绝对的自主权，我为自己拥有的身体感到非常自豪！这是性健康的孩子的一个重要特征。

第三，性健康的孩子，懂得尊重别人的隐私。性健康的孩子很小就有界限感，因为当他要求别人尊重自己的身体时，同样也懂得尊重别人的身体，包括别人的隐私。所以性健康的孩子很早就已建立隐私的概念。不管在家里怎么穿衣服，他们知道，一旦到了公众场合，穿衣打扮等就要适合社会情境，不能做不适当的事情，也不能只管自己的爱好，而不尊重别人的隐私。所以，性健康的孩子，在尊重自己身体自主权的同时，也懂得尊重别人的自主权和隐私。

第四，性健康的孩子，能够做出一些跟自己年龄相符的决定。包括如何交友，用什么态度对待彼此。他们不会有过度退缩的社会行为，他们做的决定跟自己的年龄相符。

第五，性健康的孩子，在问及父母关于性的问题时会感到很自在。他们在提问时就像面对其他问题一样，很自然地不懂就问。孩子怎么能够做到这一点呢?当然是因为父母平常会选择适当的时机，主动把他们的性观念、性价值，对性的一些看法告诉孩子。所以孩子知道，自己能够和父母谈论性问题。父母不觉得尴尬，大方自然地跟孩子谈论一些符合孩子年龄的性教育问题，孩子才能够自在地和父母谈青春期的变化。当孩子还没有进入青春期时，父母就主动和孩子谈论青春期将会遇到的一些问题，比如月经、一见钟情、暗恋、表白、梦遗、性冲动和性感觉等，孩子就会知道，原来父母很关心他们在这方面的困扰，而且愿意教导他们，等到他们需要帮助时就会主动和父母谈了。

孩子在成长阶段会对自己的性器官有兴趣，就跟对自己的手和脚有兴趣一样。一般在出生头几个月时，孩子就已经开始探索自己的身体了。从7个月到10个月之间，男孩子就会发现自己的阴茎，也会触摸自己的性器官。女孩子可能会比男孩子晚一两个月发现自己的阴部。有些孩子觉得触摸自己的性器官是有趣的，而且好像还能平复自己的一些情绪，所以有些小孩子在睡觉时会抚摸自己的性器官，从而使自己更容易入睡，也有一些比较焦虑的孩子通过抚摸性器官来抚平自己的情绪。当然不是所有孩子都会这样做，大约15%的孩子会通过触摸自己的性器官来获得愉悦的感觉。这和成人抚摸自己想得到的性快感，意义是不一样的。孩子只是发现这能够增加愉悦的感觉，只是探索自己身体的过程而已。

发现孩子有这些行为时，父母要允许孩子这样做。没有特别原因，父母看到时可以忽略，但是需要告诉孩子，这属于隐私行为，只能在一些私密场所，比如在自己的房间或者洗手间里才可以，在客厅或有别人在的地方不可以做。这样的行为不适合在别人面前做，就像不适合在别人面前把自己的衣服脱光一样，即使年龄很小，比如两岁的孩子，也只能在自己的房间或者洗手间才可以把衣服脱掉换，在大庭广众之下这样做是不适合的。父母要有意识地教导孩子隐私的概念，让孩子知道，不能随便在公众场合脱裤子、脱裙子、触摸自己的性器官等。

孩子上幼儿园喜欢夹腿，怎么办？

有一位妈妈，女儿五岁四个月了，专注力很好，兴趣很广泛。孩子两岁左右时，妈妈偶尔看到她有夹腿的现象，孩子三岁左右开始变频繁了，如果感到焦虑或者紧张，睡觉时就会夹腿。后来好些了，但是转而喜欢用脚在毛毯上用力踩。上幼儿园时因为没有带毛毯，夹腿情况又开始频繁了，有时会有严重的咬指甲现象。最近妈妈开始给孩子补充心理营养，情况有所好转。孩子告诉妈妈，夹腿很舒服，有时候睡觉前就会想到夹腿，问妈妈是否可以，孩子也知道这是隐私，就想把妈妈支开。妈妈问，应该怎么应对呢？

其实，上幼儿园的孩子夹腿是比较常见的，大约有15%的妈妈会发现女儿有这种现象。

首先要教导孩子，她的身体的自主权属于她自己。可以告诉孩子："你已经长大了，可以擦洗自己的阴部。除了医生护士、爸爸妈妈出于健康检查的原因以外，没有人可以触摸你的生殖器。因为你的身体任何部分都属于你自己，是你隐私的一部分。"然后给孩子一条毛巾，让她去擦洗自己的阴部。

学龄前的孩子，喜欢对自己的身体进行探索，触摸自己的生殖器时，不会觉得窘困、羞愧或者焦虑，只会感觉很舒服，这与年龄大点的儿童或青春期的孩子的目的不同，与成人自慰的行为也不同。很多孩子甚至没有意识到，可以用这样的方式让自己愉快，只是发现这样的动作能够帮助自己平静下来，所以有些孩子睡觉时会触摸自己的生殖器来帮助自己入睡。

对于学龄前的孩子来说，摸或者不摸自己的生殖器，都是很正常的。所以父母不用太担心，只要让孩子知道，这是一个隐私的行为，只能在私密的场合做，如同使用卫生间就要把门关上。

所以看到孩子在私密场合触摸自己生殖器，一般可以简单忽略。但是如果在公共场合，比如超市或者客厅触摸自己的生殖器，父母需要温和地去阻止这种行为。可以先跟孩子打个招呼，然后提醒孩子："在这个地方摸你的阴部是不恰当的，因为这是一个私密的行为，只能够在私下做。"然后告诉孩子，在自己房间里做是可以的，但是在公众场合不能这样做，免得引发别人不舒服的感觉。

最重要的是让孩子明白，这是一个隐私行为。

接下来要思考，孩子为什么会比较频繁地触摸自己的生殖器？一个原因是，她还是个孩子，想要探索自我，这样做也能带来一些舒服的感觉。一般上学之后，孩子就会减少这样的行为，特别是父母要教导孩子，这样的行为不能在学校、教室、超市、客厅等公共场合出现。另一个原因是，孩子有太多的焦虑。比如案例中妈妈提到的，孩子频繁夹腿、啃指甲的行为，都表示孩子有太多的焦虑。

想要减少孩子的这些行为，一是给孩子做足心理营养；二是妈妈多和孩子聊天，孩子告诉妈妈幼儿园发生的事情，让孩子有更多机会表达内在的情绪，孩子触摸生殖器的行为就会减少了。

孩子喜欢抚摸妈妈的乳头，怎么办？

有一位妈妈，说她有两个女儿，二宝15个月大，最近吃母乳时会抚摸或者捏妈妈另一边的乳头，如果阻止她就会哭闹。妈妈记得大宝在15个月左右时常常摸妈妈的头发。这些是孩子缺乏安全感的表现吗？

这些行为确实是孩子缺乏安全感的表现。

一般母亲的乳房或者头发很容易成为孩子的“过渡性重要他人”，不只女孩，男孩也会这样做。为什么会形成这种“过渡性重要他人”呢？主要是孩子觉得自己跟妈妈在一起的时间不足。0~3岁的孩子安全感肯定还不足，需要跟妈妈有很多连接，从妈妈身上吸收足够的安全感，如果妈妈在家的时间相对比较少，孩子只有很短的时间跟妈妈在一起，孩子就会寻找一些摸起来觉得柔软、温暖或者毛茸茸的东西——比如妈妈用过的衣服、毛巾、毛毯、枕头等来代替妈妈，有时候也会用妈妈的乳房或者头发来代表母亲。孩子摸着这类东西就会觉得有安全感，就好像是在跟妈妈连接一般。

所以孩子抚摸妈妈的乳房或者头发，是为了获取更多的安全感，跟性完全没有关系。孩子出现这些行为时，也是在提醒妈妈，要尝试调整自己的生活作息，腾出更多的时间陪伴孩子。

孩子当众脱内裤还不觉得害羞，怎么办？

有一位家长说，他家的男孩9岁了，在家里洗澡前，会当着奶奶或者妈妈的面脱内裤，光着屁股在家里乱跑，一点都不觉得害羞。父母说过孩子很多次，叫他到卫生间再脱内衣，可是他都不听，应该怎么教导呢？另外，孩子在6岁时患了抽动症，在医院治好了，今年复发了，变得更加严重，出现了翻白眼等更多的抽动症状，孩子在课堂上注意力也不集中，对此父母应该怎么办呢？

孩子9岁了还在奶奶、妈妈的面前脱内裤，父母说他，他也不听，好像一点都不害羞，其实真正的原因和抽动症完全无关！

孩子出现这种情况，最大的可能是他觉得被奶奶或者妈妈管得太多了。当不知道怎么反抗过多的焦虑、干预或者控制时，一些孩子特别是男孩子就会这样做。别说9岁，有些孩子到了少年期还会这样做，因为他们发现这样做能让奶奶或者妈妈觉得非常尴尬、不知所措。这会让孩子觉得：我终于能够做一些事情让你们尴尬、难为情了！一个9岁的孩子有这种行为，并非不懂得害羞，而是他觉得这样能获得一点点控制的能力。

所以奶奶或者妈妈首先要看看，自己是否太过压制这个孩子了。家长太过包办、强势，什么事情都要帮孩子做，或者什么事情都要求孩子听从家长，就会压抑孩子的独立自主。另外，奶奶或者妈妈还要检讨自己是否太过焦虑。如果妈妈、奶奶太过焦虑，孩子会觉得自己没法独立自主，觉得自己什么都不能做，因为无论做什么、怎么做，妈妈、奶奶都会担心、害怕，进行过多的干预。

随着孩子慢慢长大，奶奶、妈妈不愿意把更多选择权交给孩子。孩子在6岁时出现抽动症，就是因为孩子内在有太多的情绪。大部分抽动症的孩子主因就是内在有很多情绪——想做又觉得自己不可以做，充满了对亲人的爱和恨，各种复杂的、冲突的情绪同时在身体里产生，当孩子没有办法用语言表达自己内在的这种压抑情绪时，他的身体就会通过抽动把情绪舒放出来，这样孩子就容易患上抽动症。

应对的方法，就是“三件事情不要做，只做一件心理营养”。对孩子情绪最有效的处理方法就是给孩子补充心理营养。孩子已经患了抽动症，说明内在的情绪已经到了濒临崩溃的地步，所以妈妈一定要有耐心，花几个月到一年的时间尽量把心理营养补足，孩子就会慢慢好起来的。

孩子喜欢撒娇被别人抱，怎么办？

有一位单亲妈妈，女儿8岁半，从小就没有见过爸爸。妈妈说，自己已经不记得从什么时候开始，女儿常常会做出一副显得比同龄孩子可爱的样子，好像要撒娇去亲近别人，而且非常黏人，无论是在妈妈还是朋友面前，只要是对她好一点、热情一点的人，她都会撒娇。妈妈问，怎样能够让女儿正经一点？

如果这位妈妈的女儿喜欢让别人抱她或者坐到别人的大腿上，尤其是喜欢男性，那我并不觉得这个孩子不正经。她喜欢撒娇，喜欢男性抱她，甚至会坐到男性的大腿上，这和孩子是不是正经一点关系都没有。这个孩子真正缺乏的是有人爱她。很多孩子属于皮肤饥渴型，也就是说他们很喜欢有人抱，什么人抱都可以；他们很希望和别人握手，或者拍拍他们的肩膀、摸摸他们的头发也好，他们很容易从肢体接触里接收到爱。有理由相信，这个八岁半的女儿很少从自己的单亲妈妈身上得到这种疼爱，她非常希望妈妈拥抱她，但妈妈似乎并不太懂得怎样疼爱女儿。

作为一个妈妈，需要用孩子喜欢的方法来对她表达爱，而不是用妈妈自以为正确的方法来爱孩子，比如多去赚钱买女儿喜欢的东西、给女儿好的教育等。可是对这么小的孩子来说，首先需要的就是从父母身上得到心理营养，而在爸爸缺席的情况之下，妈妈虽然无法给女儿一个爸爸，但是能够给孩子心理营养。妈妈能否用女儿喜欢的方式来爱她呢？既然女儿需要用撒娇或者做出可爱样子的方式来得到爱，那妈妈何不改变一下自己，多去拥抱和亲近女儿呢？如果女儿能够从妈妈身上得到足够的疼爱，那么就不需要做出可爱的样子去讨好其他人了。

对于一个八岁半的女孩来说，“不正经”这三个字确实太沉重了。妈妈这样评价自己的女儿，女儿的内心会非常受伤，而且可能会让女儿产生不恰当的性认识——当她想要跟男性亲近时，她就是不正经的。这对一个女性的性别形象，或者建立健康的性观念没有一点好处。

所以建议妈妈尝试给女儿好好补足心理营养。那些心理营养充足的孩子，也就是心理健康的孩子，会认为性没有问题，性是干净的、健康的，不会对自己的性感感到羞耻，能更好地建立健康的性观念，在面对性问题或者性诱惑时，会更懂得自爱，能够应对不恰当的性诱惑，顺利健康地走过少年期，将来面对婚姻关系时也能面对各种诱惑，拥有良好的婚姻。

下面借助一个案例，来说说如何跟孩子谈性知识，包括和孩子谈性知识时需要注意什么，以及什么时候比较适合谈性知识。

有一位家长，一直很疑惑，到底在什么场景下给孩子讲性知识比较好，他怕自己拿捏不好。他听说《红楼梦》里的主人公是在十二三岁接触性知识的，那么是否可以通过和孩子一起读《红楼梦》来探讨呢？

第一，孩子本身非常想和父母谈论性价值观。其实孩子很想知道，在遇到具体的性问题时，父母的想法是什么。父母是孩子的第一位性教育导师，父母的性价值观对孩子的影响非常大。孩子在小学时就想知道关于生育的真实情况，以及父母对谈恋爱、未婚先孕这类事情的态度和看法是什么。孩子也非常爱听父母的故事，想知道父母经历的恋爱、婚姻、性的问题。青少年特别想通过自己的父母获得有关性的知识，但是非常遗憾，很多父母完全不跟孩子谈相关问题。

第二，父母不要被动等待孩子的提问。很多孩子从来不会主动去问，而是希望父母能主动表达想要和孩子谈这类问题。当父母主动谈起自己在少年时遇到性问题是怎么处理的，也关心孩子是否遇到这类性问题，就是在告诉孩子父母已经准备好了，也非常愿意就此话题来和孩子聊一聊。如果父母谈论时表现出害羞或者尴尬的样子，会让孩子觉得父母根本就不愿意和他们谈这些问题。这样孩子就会阻止自己去跟父母谈，虽然他们非常想谈。所以父母不要被动地等着孩子来问——好比在孩子小时候父母不会等到孩子来问时才教他们怎么过马路，也不会等到孩子来问时才告诉他们不要用手触摸滚烫的热水——父母需要主动告知孩子性方面的价值观。

第三，希望父母能够鼓励孩子提出问题。父母要鼓励孩子提出问题，让孩子知道父母已经准备好解答孩子想问的任何问题。有些父母可能会担心，万一对孩子问的性问题完全不知道怎么回答怎么办。其实关于性知识，父母不知道答案是没有关系的，父母只要表示“我愿意跟你谈”即可。如果确实不知道如何回答，完全可以告诉孩子：“等爸爸妈妈上网、看书或者问其他人，知道答案以后再跟你说。”也可以和孩子一起上网搜寻答案，这样能同时教导孩子哪些网站是可以访问的。最终让孩子明白：关于性问题，我们愿意跟你谈，愿意跟你分享我们的经验，也愿意跟你一起探寻答案。

那么，什么时候和孩子谈性知识呢？性教育是一个相当漫长的过程，从孩子意识到男女的差别，性教育就已经开始了。性教育并不是说找一个时机和孩子坐下来谈几次，把父母懂的所有性知识都告诉孩子，就算完成了。因此，在孩子的整个成长过程中都要跟孩子谈性知识，一般可以从4岁开始。

比如父母带孩子出去散步时，看到了一个怀孕的妈妈，可以告诉孩子：“你看这个阿姨怀孕了，要当妈妈了。她的肚子里已经有了一个小宝宝，在一个叫作子宫的地方成长。子宫就是孩子的王宫，孩子像王子一样在子宫里一天天慢慢地成长，等到他做好准备想要来到这个世界了，他的妈妈就会把他生出来。”简单地跟孩子这样讲就可以了。再比如，跟9岁的孩子在车上听到收音机里播出关于艾滋病的一些知识时，可以趁机跟孩子谈谈艾滋病是怎么一回事。生活中常会有这样的机会，通过一些广告特别是一些公益广告，可以很自然地跟孩子谈起性话题，然后问问孩子有什么想法。这些都是和孩子谈性教育、性知识的黄金时刻。

性教育是一个漫长的过程，基本原则就是孩子问什么父母就答什么，答案要符合孩子的年龄和需要。父母不懂的可以和孩子一起上网或者看书查询。这对亲子关系也有很大的帮助。